AF363696

RÈGLEMENT

FAIT PAR LE ROI,

En interprétation & exécution de celui du 28 Mars dernier, concernant la convocation des trois États de la Ville de Paris.

Du 13 Avril 1789.

A PARIS

DE L'IMPRIMERIE ROYALE.

M. DCC. LXXXIX.

RÈGLEMENT

FAIT PAR LE ROI,

En interprétation & exécution de celui du 28
Mars dernier, concernant la convocation
des trois États de la ville de Paris.

Du 13 Avril 1789.

LE Prévôt de Paris & le Lieutenant civil,
ainsi que les Prévôt des Marchands & Échevins,
ayant présenté au Roi, en exécution du Règlement du 28 Mars dernier, des projets de
distribution de différentes Assemblées préliminaires, tant pour l'Ordre du Clergé & pour
celui de la Noblesse, que pour l'Ordre du
Tiers, Sa Majesté a reconnu que malgré les
soins qui ont été donnés à la division exacte
des différens quartiers de Paris, entre lesquels
les premières Assemblées de la Noblesse & du
Tiers - état doivent être partagées, il étoit
impossible d'acquérir avec certitude la connoissance du nombre de personnes qui composeront
chacune de ces Assemblées, & qu'ainsi en

affignant le nombre fixe de Repréfentans que chaque Affemblée auroit à choifir, on s'expoferoit à une répartition très-inégale; Sa Majefté a donc penfé qu'il étoit plus convenable de proportionner le nombre des Repréfentans à celui des perfonnes qui feroient convoquées; & que s'il réfultoit de cette difpofition une obligation de renoncer à une proportion égale pour le nombre refpectif des Repréfentans des trois Ordres à l'Affemblée de la Prévôté, proportion qui n'a exifté dans aucun Bailliage, cet inconvénient feroit compenfé par l'accroiffement du nombre de ceux qui concourroient à l'élection des Députés aux États-généraux, accroiffement qui paroît également defiré dans les trois Ordres.

Le Roi a vu avec fatisfaction toutes les précautions prifes par le Prévôt de Paris & le Lieutenant civil, & par les Prévôt des Marchands & Échevins, pour établir l'ordre dans une opération auffi nouvelle & auffi étendue; & Sa Majefté efpère que les Citoyens de fa bonne ville de Paris, apportant dans cette circonftance un efprit fage & de bonnes intentions, facilireront & accéléreront la dernière des difpofitions deftinées à préparer l'ouverture des États -

généraux ; & que leur conduite sera l'augure
de cet esprit de conciliation qu'il est si inté-
ressant de voir régner dans une Assemblée dont
les délibérations doivent assurer le bonheur de
la Nation, la prospérité de l'État & la gloire
du Roi.

ARTICLE PREMIER.

LE Règlement du 24 Janvier dernier sera
exécuté suivant sa forme & teneur, pour la
convocation de l'Ordre du Clergé dans l'inté-
rieur des murs de la ville de Paris : en conséquence, tous les Curés de Paris tiendront,
dans le lieu qu'ils croiront le plus convenable,
le Mardi 21 Avril, l'Assemblée de tous les
Ecclésiastiques engagés dans les Ordres, nés
François ou naturalisés, âgés de vingt-cinq ans,
& domiciliés sur leurs paroisses, qui ne possèdent
point de bénéfices dans l'enceinte des murs.
Cette Assemblée procédera à la nomination
d'un Secrétaire & au choix de ses Représentans,
à raison d'un sur vingt présens, deux au-
dessus de vingt jusqu'à quarante, & ainsi de
suite, non compris le Curé, à qui le droit de
se rendre à l'Assemblée des trois États de la
ville de Paris appartient à raison de son bénéfice.

I I.

LES Chapitres féculiers d'hommes tiendront, au plus tard le même jour 21 Avril, l'Affemblée ordonnée par l'article X du Règlement du 24 Janvier, & procéderont au choix de leurs Repréfentans, dans le nombre déterminé audit article. Tous les autres Corps & Communautés eccléfiaftiques mentionnés en l'article XI dudit Règlement, feront choix au plus tard le même jour, de leurs Fondés de pouvoirs.

I I I.

LES procès-verbaux de nomination des Repréfentans choifis dans les paroiffes, ainfi que les Actes capitulaires des Chapitres & des Corps & Communautés eccléfiaftiques, feront remis le même jour au Prévôt de Paris, & par lui dépofés au greffe du Châtelet, après qu'ils auront fervi à l'appel qui fera fait dans l'Affemblée des trois États.

I V.

L'ASSEMBLÉE générale de l'Ordre de la Nobleffe fe tiendra le Lundi 20 Avril; elle fera divifée en vingt parties, fuivant les quartiers dont les limites, ainfi que le lieu de l'Affemblée, feront déterminés par l'état qui fera

annexé à l'Ordonnance du Prévôt de Paris
ou Lieutenant civil.

V.

A chacune des Assemblées assistera un
Magistrat du Châtelet qui aura son suffrage,
s'il a la noblesse acquise & transmissible. Dès
que l'Assemblée sera formée, elle se choisira
un Président ; elle pourra aussi nommer un
Secrétaire, à moins qu'elle ne préfère de se
servir pour la rédaction de son Procès-verbal,
du ministère du Greffier dont le Magistrat du
Châtelet sera assisté.

V I.

Tous les Nobles possédant fiefs dans
l'enceinte des murs, seront assignés pour com-
paroître ou en personne, ou par leurs Fondés
de pouvoirs, à celle de ces Assemblées partielles
que présidera le Prévôt de Paris, assisté du
Lieutenant civil & du Procureur du Roi.

V I I.

Tous les Nobles ayant la noblesse acquise
& transmissible, nés François ou naturalisés,
âgés de vingt-cinq ans, justifiant de leur domicile
à Paris (s'ils sont requis de le faire), par la
quittance ou l'avertissement de leur capitation,

(8)

auront le droit d'être admis dans l'Affemblée
déterminée pour le Quartier dans lequel ils
réfident actuellement, & nul ne pourra s'y faire
repréfenter par Procureur.

V I I I.

S'IL s'élève quelque difficulté à raifon de
la qualité de Noble, l'Affemblée nommera
quatre Gentilshommes, pour, avec le Préfident
qu'elle fe fera choifi, affifter le Magiftrat
du Châtelet qui remplacera le Lieutenant civil;
la décifion qui interviendra fera exécutée par
provifion, fans pouvoir fervir ni préjudicier
dans aucun autre cas.

I X.

EN fe préfentant pour entrer dans l'Affemblée, chacun remettra à la perfonne prépofée
à cet effet, un carré de papier contenant fon
nom, fa qualité, le nom de la rue dans laquelle il a fon domicile actuel. Ces papiers
feront remis au Greffier, réunis par lui, &
ferviront à faire l'appel à haute voix, de tous
les Membres de l'Affemblée.

X.

LE nombre des préfens déterminera celui
des Repréfentans à nommer, & quand le nombre

aura été conftaté, on procédera au choix des Repréfentans dans la proportion d'un fur dix, de deux au-deffus de dix jufqu'à vingt, & ainfi de fuite. Ils feront choifis parmi les Membres de l'Affemblée, ou parmi ceux qui, à raifon de leur domicile actuel dans le Quartier, auroient eu le droit de s'y trouver.

X I.

LE procès-verbal de l'Affemblée contiendra les noms, qualités & demeures des Repréfentans qui auront été choifis ; il fera figné par le Préfident, le Magiftrat du Châtelet, & le Secrétaire ou le Greffier, & remis au Prévôt de Paris, & par lui dépofé au greffe du Châtelet, quand il y aura fervi à faire l'appel des Repréfentans de la Nobleffe de Paris à l'Affemblée des trois États.

X I I.

L'ASSEMBLÉE du Tiers-état de la ville de Paris fe tiendra le Mardi 21 Avril ; elle fera divifée en foixante arrondiffemens ou quartiers, dont les limites, ainfi que le lieu de l'Affemblée, feront déterminés par l'état qui fera annexé au *Mandement* des Prévôt des Marchands & Échevins. Les habitans compofant le Tiers-état, nés François ou naturalisés, âgés de vingt-cinq ans & domiciliés, auront droit d'affister à l'Assemblée déterminée pour le quartier dans lequel ils résident actuellement, en rempliffant les conditions suivantes ; & nul ne pourra s'y faire représenter par Procureur.

X I I I.

POUR être admis dans l'Assemblée de son quartier, il faudra pouvoir justifier d'un titre d'office, de grades dans une Faculté, d'une commiffion ou emploi, de lettres de maîtrise, ou enfin de sa quittance ou avertiffement de capitation, montant au moins à la somme de six livres en principal.

X I V.

AVANT d'entrer dans ladite Assemblée, chacun sera tenu de remettre à celui qui aura été prépofé à cet effet, un carré de papier sur lequel il aura écrit ou fait écrire lifiblement son nom, sa qualité, son état ou profeffion, & le nom de la rue où il a son domicile actuel ; il recevra en échange le billet qui lui servira pour l'élection dont il sera ci-après parlé.

X V.

TOUS les carrés de papier seront réunis par centaine, & remis au fur & mefure au Greffier ;

ils serviront à faire l'appel à haute voix, de toutes les personnes présentes rassemblées, ainsi que de leurs qualités, état & profession.

X V I.

CHAQUE Assemblée sera tenue & présidée par un des Officiers du Corps municipal, anciens ou actuels, & délégués expressément à cet effet par le Mandement des Prévôt des Marchands & Échevins ; chaque Officier sera accompagné d'un Greffier ou Secrétaire, qui fera les fonctions du Secrétaire de l'Assemblée.

X V I I.

L'ASSEMBLÉE commencera ledit jour 21 Avril, à sept heures du matin, & on y sera admis jusqu'à neuf heures précises que les portes seront fermées. Dès qu'il y aura cent personnes réunies, le Président assisté de quatre notables Bourgeois, domiciliés depuis plusieurs années dans le quartier, & qu'il aura invités à cet effet, se fera représenter les titres ou la quittance de capitation de ceux qui ne leur seront pas connus, & la décision qui interviendra sera exécutée par provision, sans pouvoir servir ni préjudicier en autre cas.

X V I I I.

LORSQUE la vérification ci-dessus prescrite aura été achevée, & que les portes auront été fermées, il fera procédé à haute voix à l'appel de tous les Membres de l'Affemblée, par leurs nom, qualité, état & profeffion; on comptera le nombre des Affiftans, & il fervira à déterminer le nombre des Repréfentans qui fera choifi dans ladite Affemblée ; ce nombre fera d'un fur cent préfens, de deux au-deffus de cent, de trois au-deffus de deux cents, & ainfi de fuite.

X I X.

QUAND le nombre des Repréfentans à élire aura été déterminé, le Préfident le fera connoître & annoncera que le choix doit être fait parmi les perfonnes préfentes, ou parmi celles qui, à raifon de leur domicile actuel dans le quartier, auroient eu le droit de fe trouver à l'Affemblée.

X X.

CHACUN écrira fur le billet qui lui aura été remis en entrant dans l'Affemblée, autant de noms qu'il doit être choifi de Repréfentans. Le Greffier fera l'appel de tous les préfens à haute voix; celui qui aura été appelé fe préfentera au Préfident & lui remettra fon billet; & quand tous les billets auront été recueillis, le Préfident en fera faire lecture à haute voix ; tous les noms compris dans les billets feront écrits auffitôt qu'ils feront proclamés, & ceux qui auront réuni le plus de fuffrages feront élus.

X X I.

LE procès-verbal de l'Assemblée contiendra
les noms, qualité, état & profession des Représentans qui auront été choisis ; il sera signé par
le Président & le Greffier, & remis dans le jour
aux Prévôt des Marchands & Échevins.

X X I I.

TOUS les Représentans du Tiers-état de la
ville de Paris se rendront à l'Assemblée du Corps
Municipal, qui sera convoquée pour le Mer-
credi 22 Avril ; les procès-verbaux faits dans
les soixante divisions serviront à en faire l'appel ;
il y sera formé une liste de tous lesdits Représentans, laquelle sera arrêtée & signée dans la
forme usitée à l'Hôtel-de-ville, & l'expédition
en sera remise aux Représentans, qui la dépo-
seront dans le jour au greffe du Châtelet, pour
servir à l'appel desdits Représentans à l'Assemblée
des trois États.

X X I I I.

QUOIQUE l'Assemblée des trois États de la
ville de Paris, composée d'un grand nombre
de Représentans qui auront obtenu la confiance
de leur Ordre, donne l'assurance que les cahiers
y seront rédigés avec le soin qu'on doit attendre
de la réunion des talens, des lumières & du zèle,

il fera libre néanmoins à tous ceux qui voudroient préfenter des obfervations ou inftructions, de les dépofer au Châtelet ou à l'Hôtel-de-ville, dans le lieu préparé pour les recevoir, & ils feront remis aux Commiffaires chargés de la rédaction des cahiers.

X X I V.

L'ASSEMBLÉE des trois États de la ville de Paris fe tiendra le Jeudi 23 Avril, à huit heures du matin, dans la forme portée au Règlement du 24 Janvier dernier, & il y fera procédé aux différentes opérations prefcrites par ledit Règlement.

X X V.

L'UNIVERSITÉ de Paris ayant joui long-temps de la prérogative d'envoyer des Députés aux États-généraux, aura le droit de nommer des Repréfentans qui iront directement à l'Affemblée des trois États de la ville de Paris ; permet en conféquence Sa Majefté aux quatre Facultés qui compofent ladite Univerfité, de s'affembler dans la forme accoutumée, & de choifir quatre de fes Membres, un du Clergé, un de la Nobleffe & deux du Tiers-état, qui fe rangeront à l'Affemblée générale dans leur Ordre refpectif, & concourront à la rédaction

des cahiers & à l'élection des Députés aux
États-généraux, sans préjudice du droit indi-
viduel des Membres de ladite Université,
d'assister à la première Assemblée de leur Ordre.

X X V I.

ENTEND Sa Majesté que la place que chacun
prendra en particulier dans les Assemblées, ne
puisse tirer à conséquence dans aucun cas;
ne doutant pas que ceux qui les composeront
n'aient les égards & les déférences que l'usage
a consacrés pour les rangs, les dignités & l'âge.

X X V I I.

LE Règlement du 24 Janvier & celui du
28 Mars dernier seront exécutés dans toutes
les dispositions auxquelles il n'est pas dérogé
par le présent Règlement, qui sera adressé au
Prévôt de Paris ou au Lieutenant civil, &
aux Prévôt des Marchands & Échevins de
Paris, pour être enregistré sur le champ aux
greffes du Châtelet & de l'Hôtel-de-ville, &
être exécuté suivant sa forme & teneur.

FAIT & arrêté au Conseil d'État du Roi,
Sa Majesté y étant, tenu à Versailles le treize
Avril mil sept cent quatre-vingt-neuf.

Signé LAURENT DE VILLEDEUIL.